¡Vamos a Divertirnos!
Let's Have Fun!

LIBRO DE EJERCICIOS Y PARA COLOREAR EN ESPAÑOL E INGLÉS
SPANISH/ENGLISH COLORING AND ACTIVITY BOOK

PRIMERAS PALABRAS
FIRST WORDS

Arte de la portada por Bonnie Zavell/Cover art by Bonnie Zavell
Ilustraciones por Suzanne Vasilak/Interior illustrations by Suzanne Vasilak
Escrito por Eduardo Kaplan/Written by Eduardo Kaplan

Printed in the U.S.A.

MODERN PUBLISHING
A Division of Unisystems, Inc.
New York, New York 10022

Estimados Padres:

Pueden estimular el interés natural de sus hijos ayudándoles a leer y completar los ejercicios en las páginas de cada libro de la serie bilingüe ¡VAMOS A DIVERTIRNOS!

Cada libro maneja un concepto básico de aprendizaje, y contiene actividades relacionadas a la escritura, la lectura y la pintura que contribuyen al desarrollo de las facultades necesarias para que los niños se destaquen en su labor escolar.

Dear Parents:

You can encourage your children's natural love of learning by helping them read and complete the pages in each LET'S HAVE FUN! bi-lingual coloring and activity book.

Each title features a basic concept, and contains writing, reading and coloring activities to help early learners develop many of the skills necessary to get a head start in school.

En PRIMERAS PALABRAS los niños aprenderán:
In FIRST WORDS children will learn:

libro/book
casa/house
flor/flower
perro/dog
auto/car
mariposa/butterfly
helado/ice cream
gato/cat
bote/boat
pájaro/bird
sol/sun
manzana/apple
lápiz/pencil
oso/bear
trompeta/trumpet
conejo/rabbit
elefante/elephant
zapato/shoe
pelota/ball
banana/banana
bicicleta/bicycle
león/lion
limón/lemon
lámpara/lamp

Colorea el dibujo.
Color the picture.

Traza las palabras.
Trace the words.

libro book

Traza las palabras.
Trace the words.

casa house

Colorea el dibujo.
Color the picture.

Colorea el dibujo.
Color the picture.

Traza las palabras.
Trace the words.

flor flower

Traza las palabras.
Trace the words.

perro dog

Colorea el dibujo.
Color the picture.

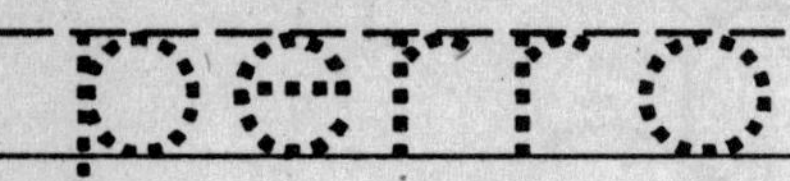

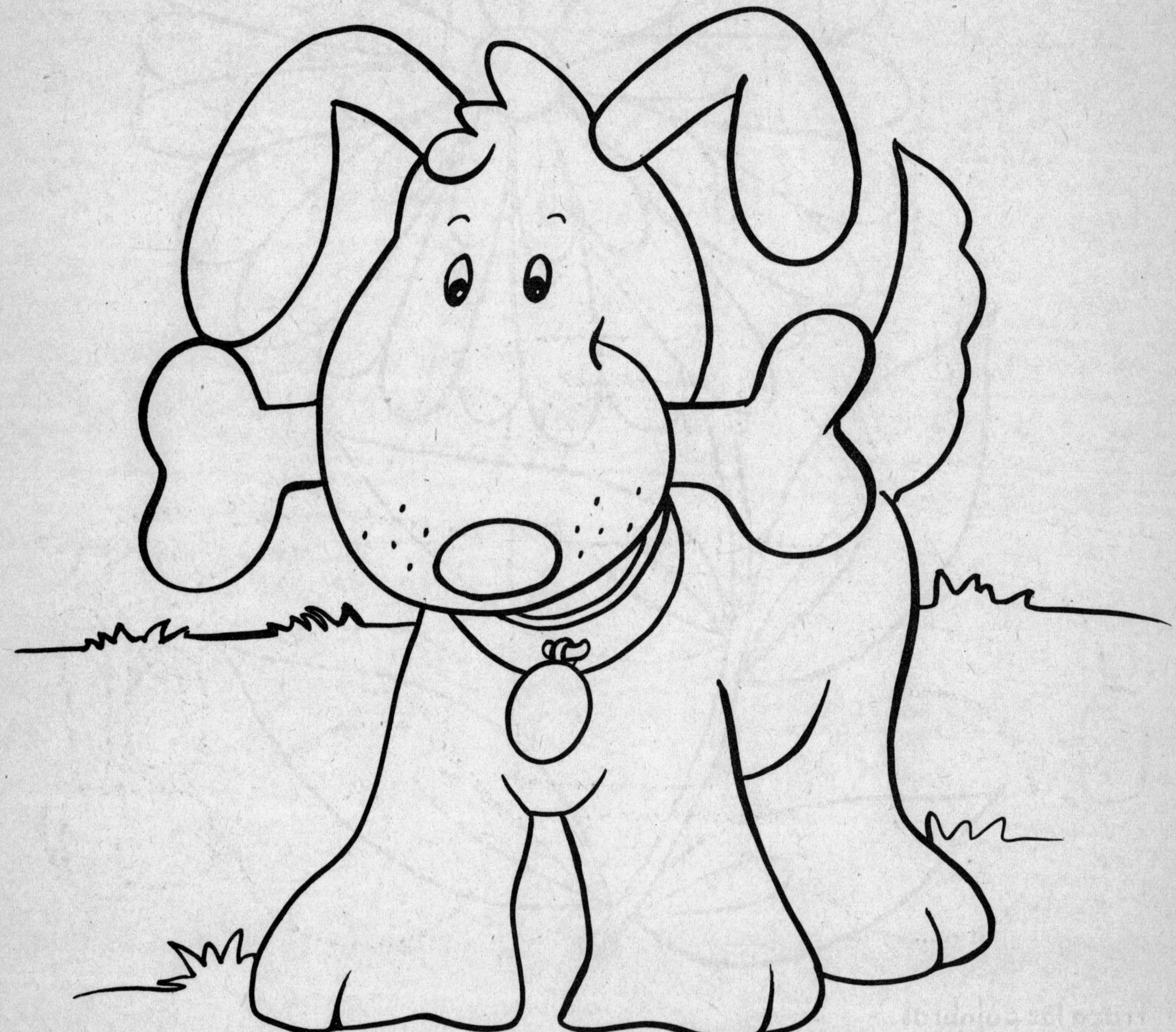

Colorea el dibujo.
Color the picture.

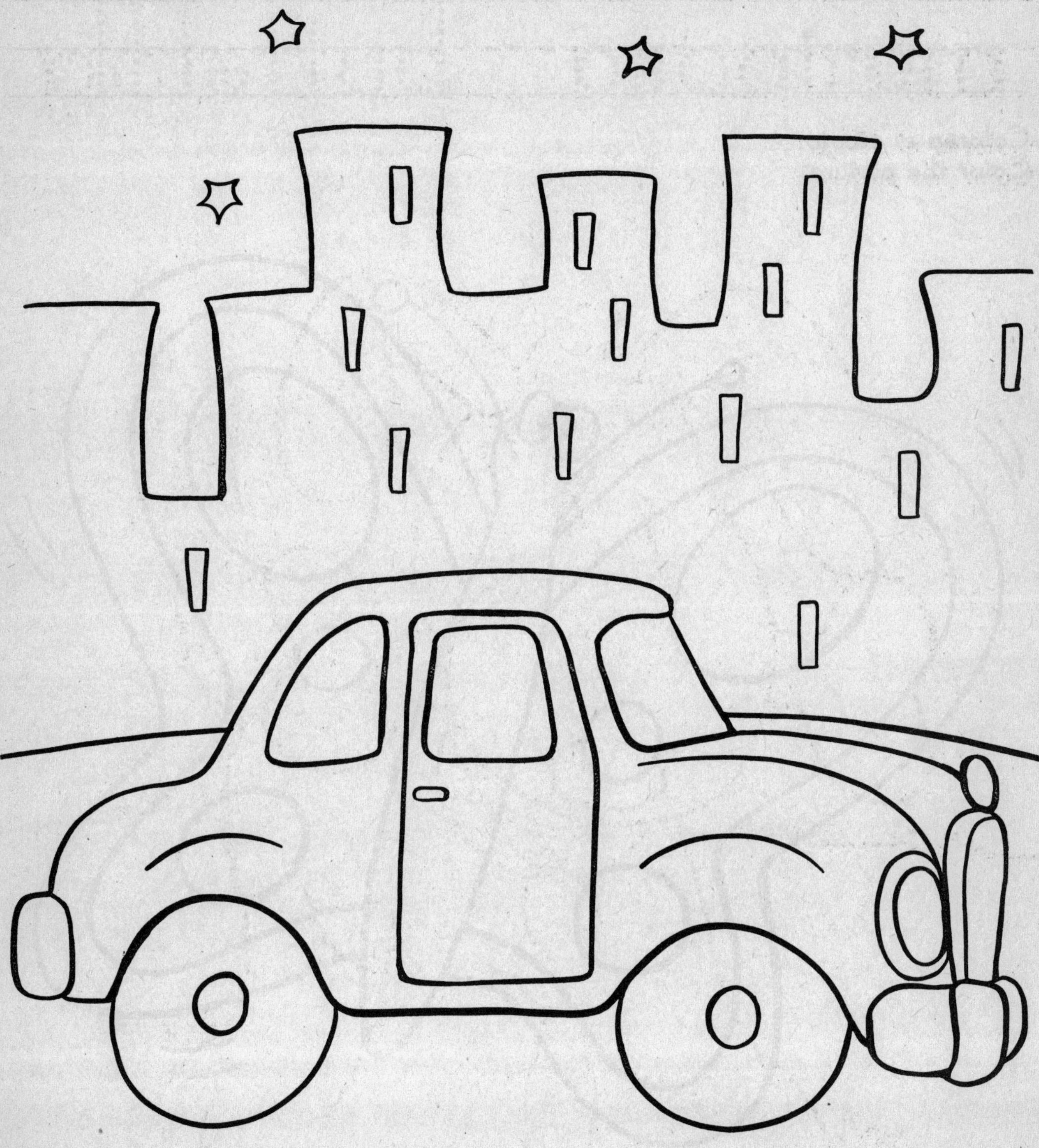

Traza las palabras.
Trace the words.

auto car

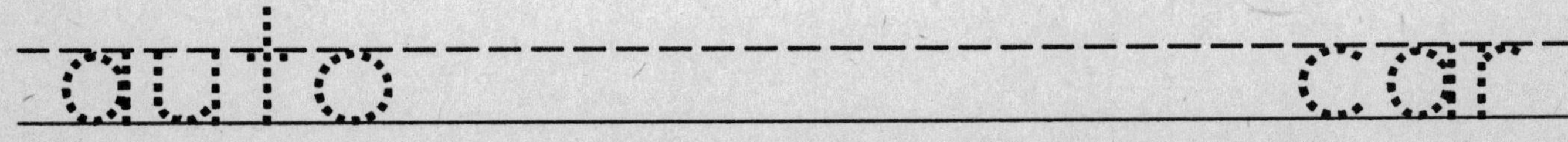

Traza las palabras.
Trace the words.

mariposa butterfly

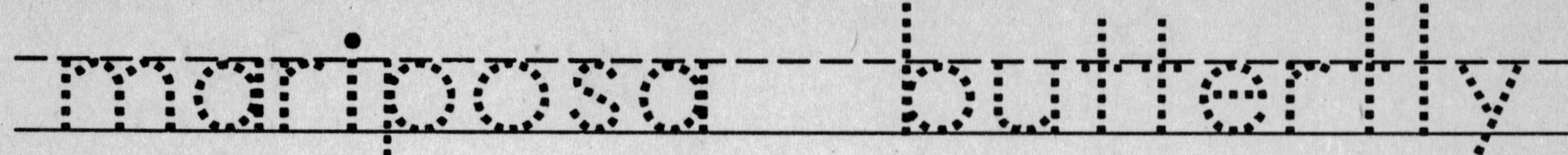

Colorea el dibujo.
Color the picture.

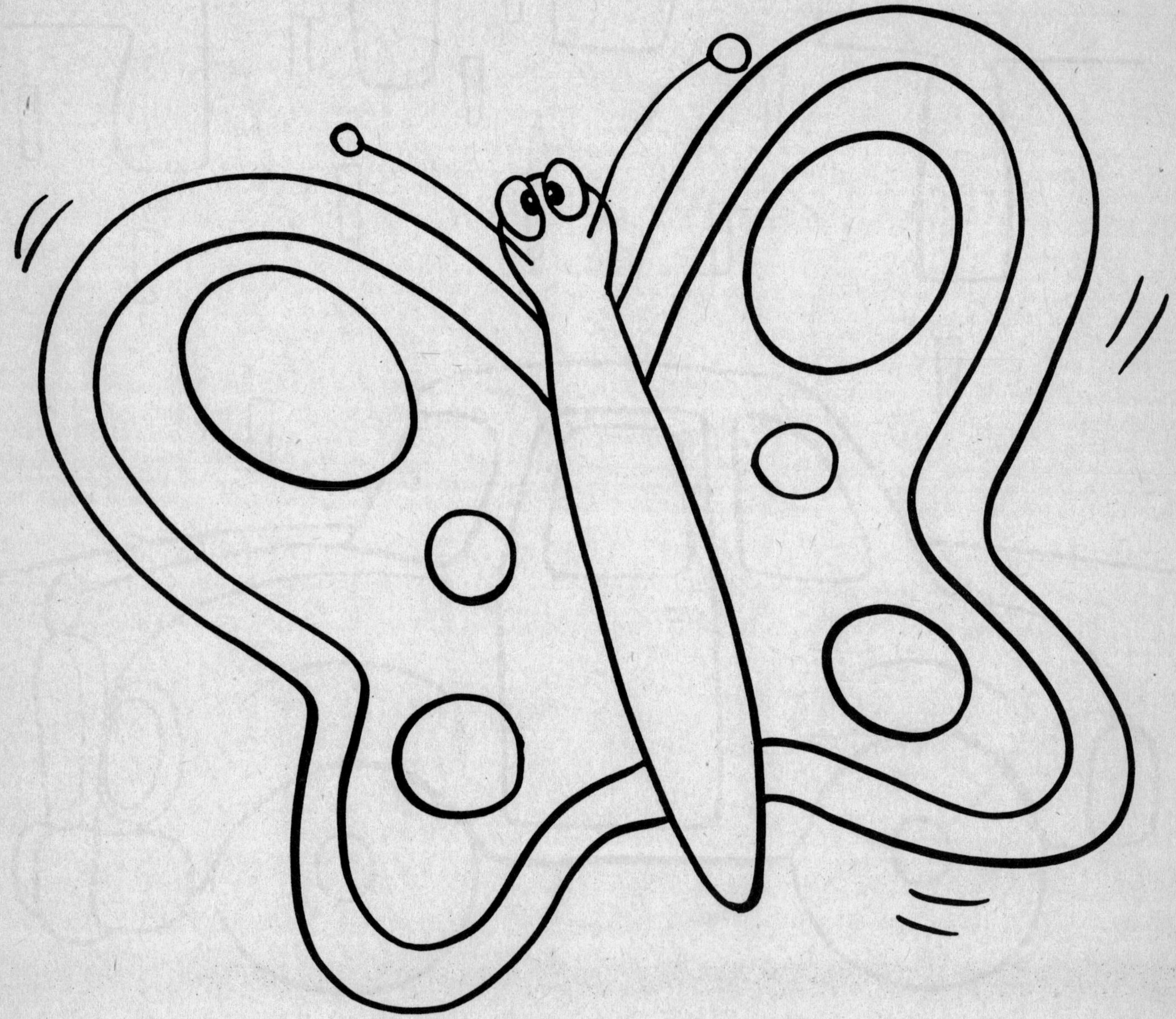

Colorea el dibujo.
Color the picture.

Traza las palabras.
Trace the words.

helado ice cream

Traza las palabras.
Trace the words.

gato cat

Colorea el dibujo.
Color the picture.

Colorea el dibujo.
Color the picture.

Traza las palabras.
Trace the words.

bote boat

Traza las palabras.
Trace the words.

pájaro bird

Colorea el dibujo.
Color the picture.

Colorea el dibujo.
Color the picture.

Traza las palabras.
Trace the words.

sol sun

Traza las palabras.
Trace the words.

manzana apple

Colorea el dibujo.
Color the picture.

Colorea el dibujo.
Color the picture.

Traza las palabras.
Trace the words.

lápiz pencil

Traza las palabras.
Trace the words.

oso bear

Colorea el dibujo.
Color the picture.

Colorea el dibujo.
Color the picture.

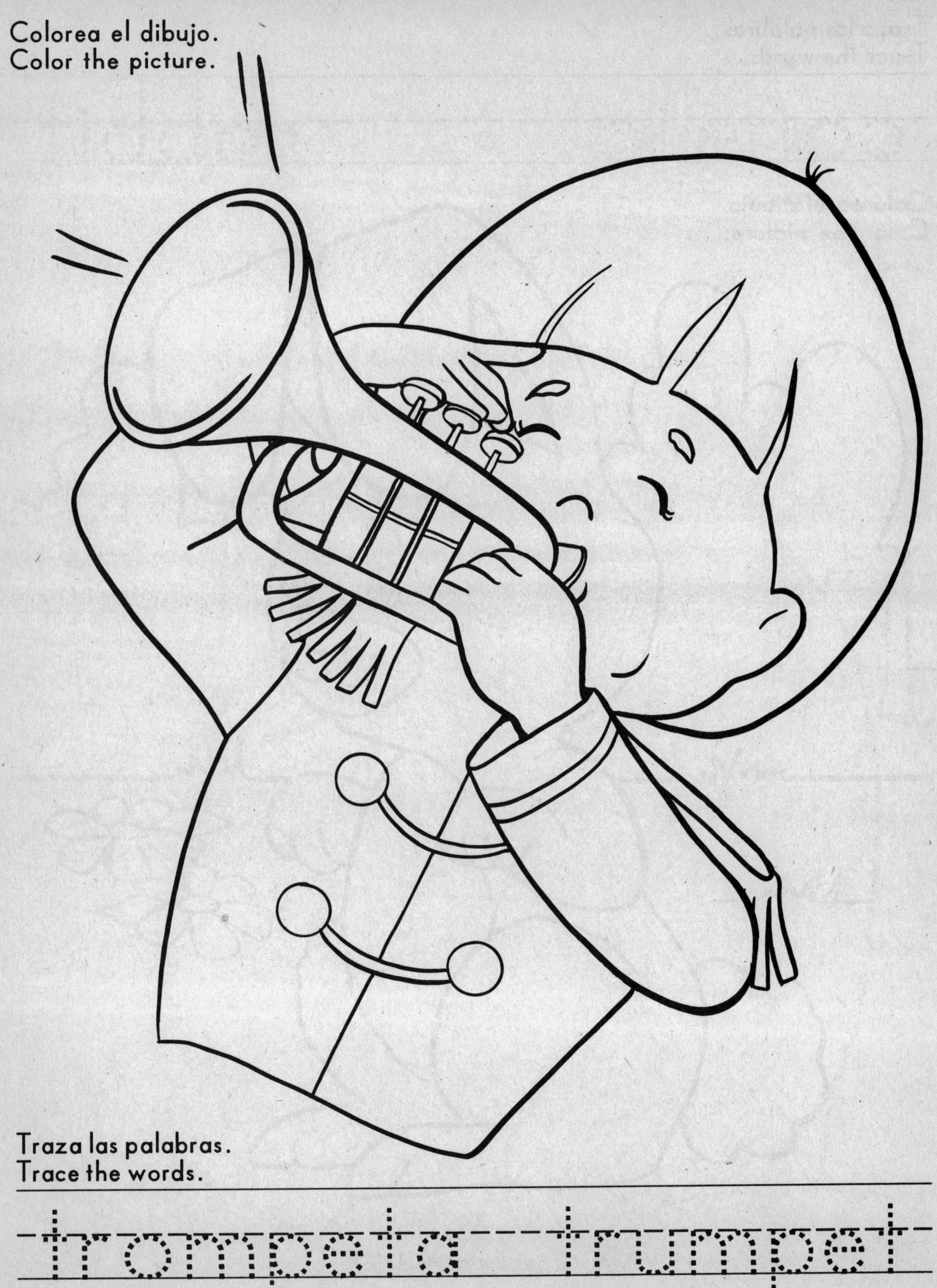

Traza las palabras.
Trace the words.

trompeta trumpet

Traza las palabras.
Trace the words.

conejo rabbit

Colorea el dibujo.
Color the picture.

Colorea el dibujo.
Color the picture.

Traza las palabras.
Trace the words.

elefante elephant

Traza las palabras.
Trace the words.

zapato shoe

Colorea el dibujo.
Color the picture.

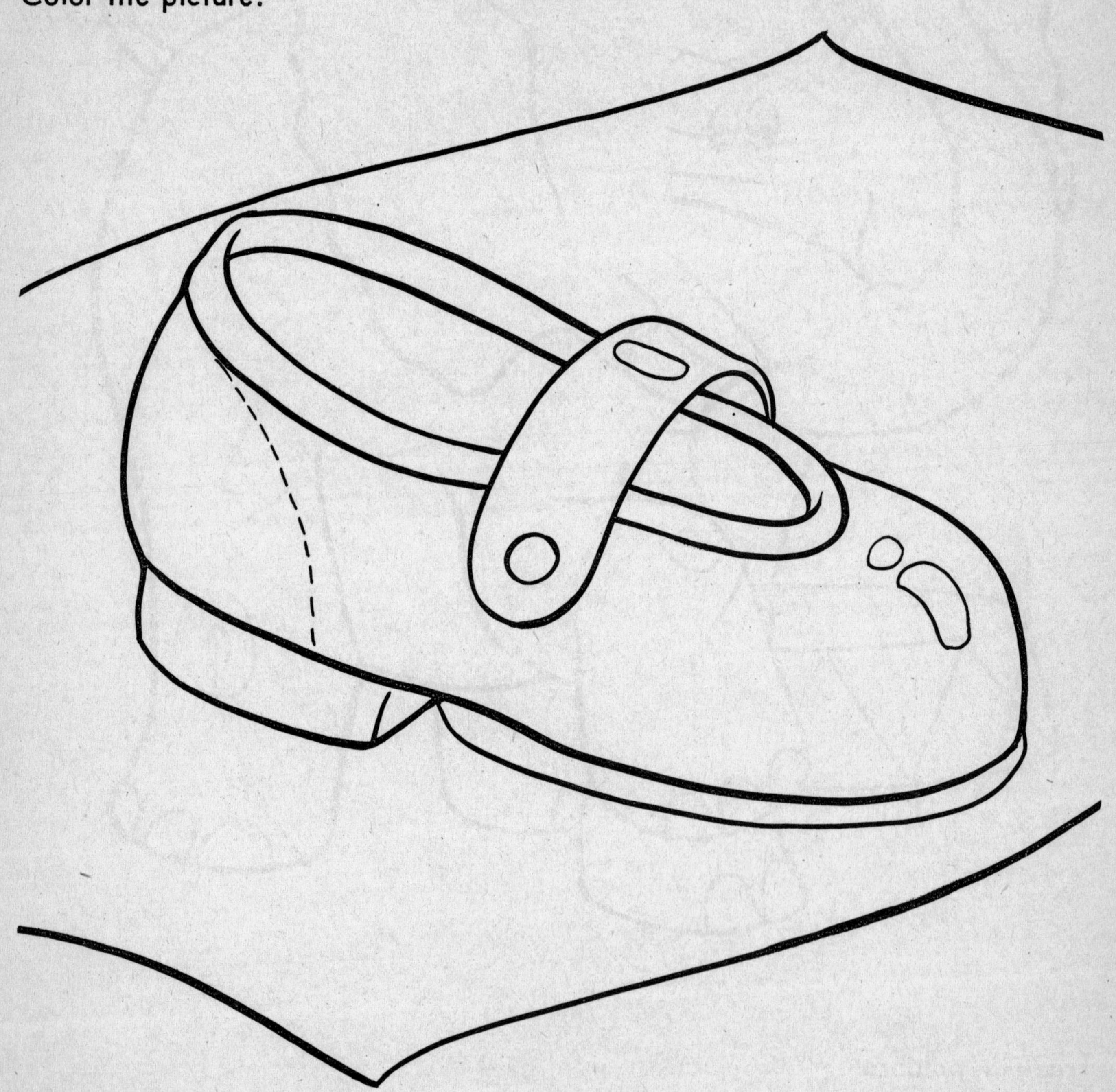

Colorea el dibujo.
Color the picture.

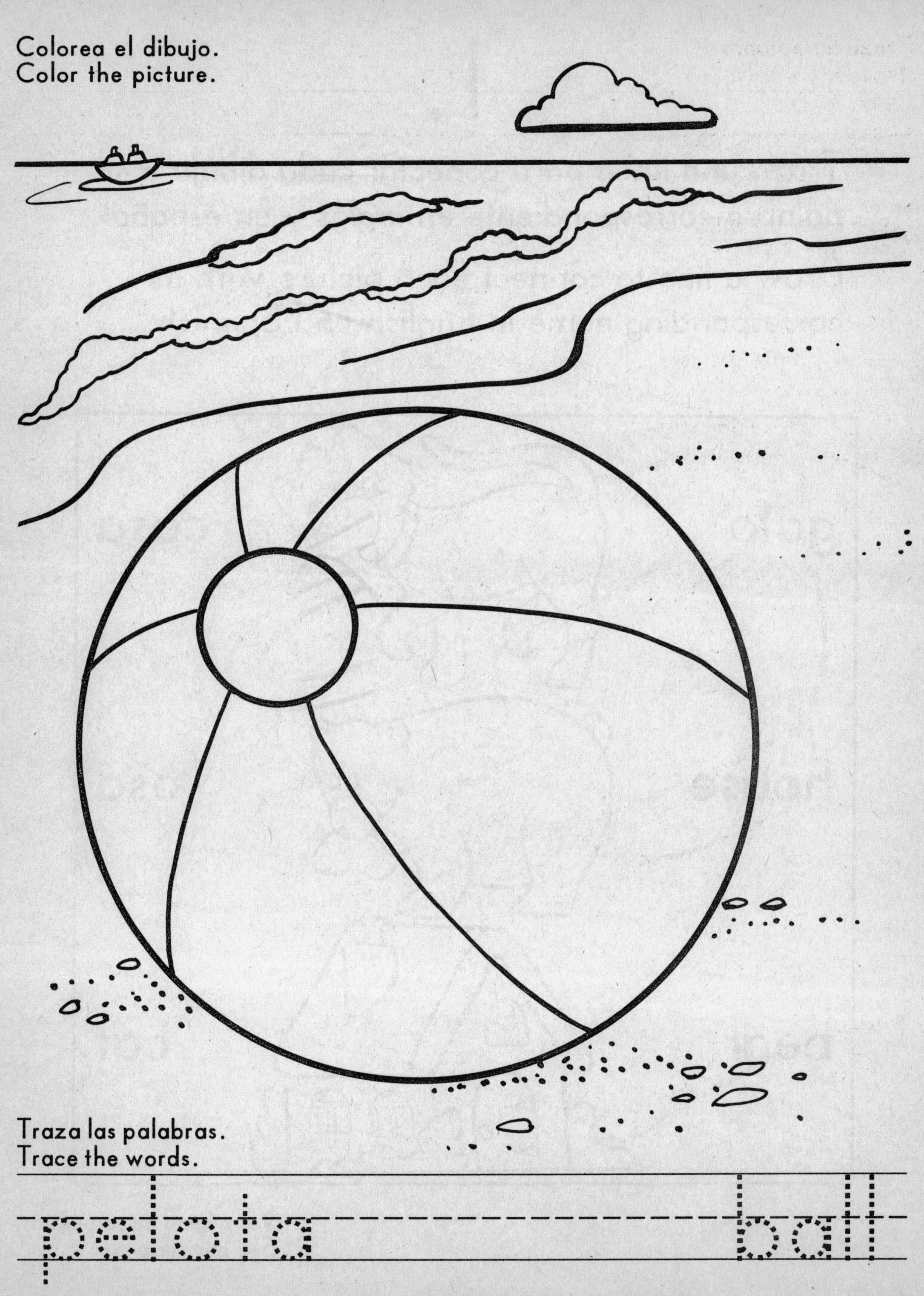

Traza las palabras.
Trace the words.

pelota ball

I.

Traza una línea para conectar cada dibujo a su palabra correspondiente en inglés y en español.

Draw a line to connect each picture with its corresponding name in English and Spanish.

Ver página de respuestas.
See answer page.

2.

Completa las palabras en español e inglés.
Usa el dibujo como guía.

Complete the words in English and Spanish.
Use the picture clue.

ma__ip__sa   but__er__ly

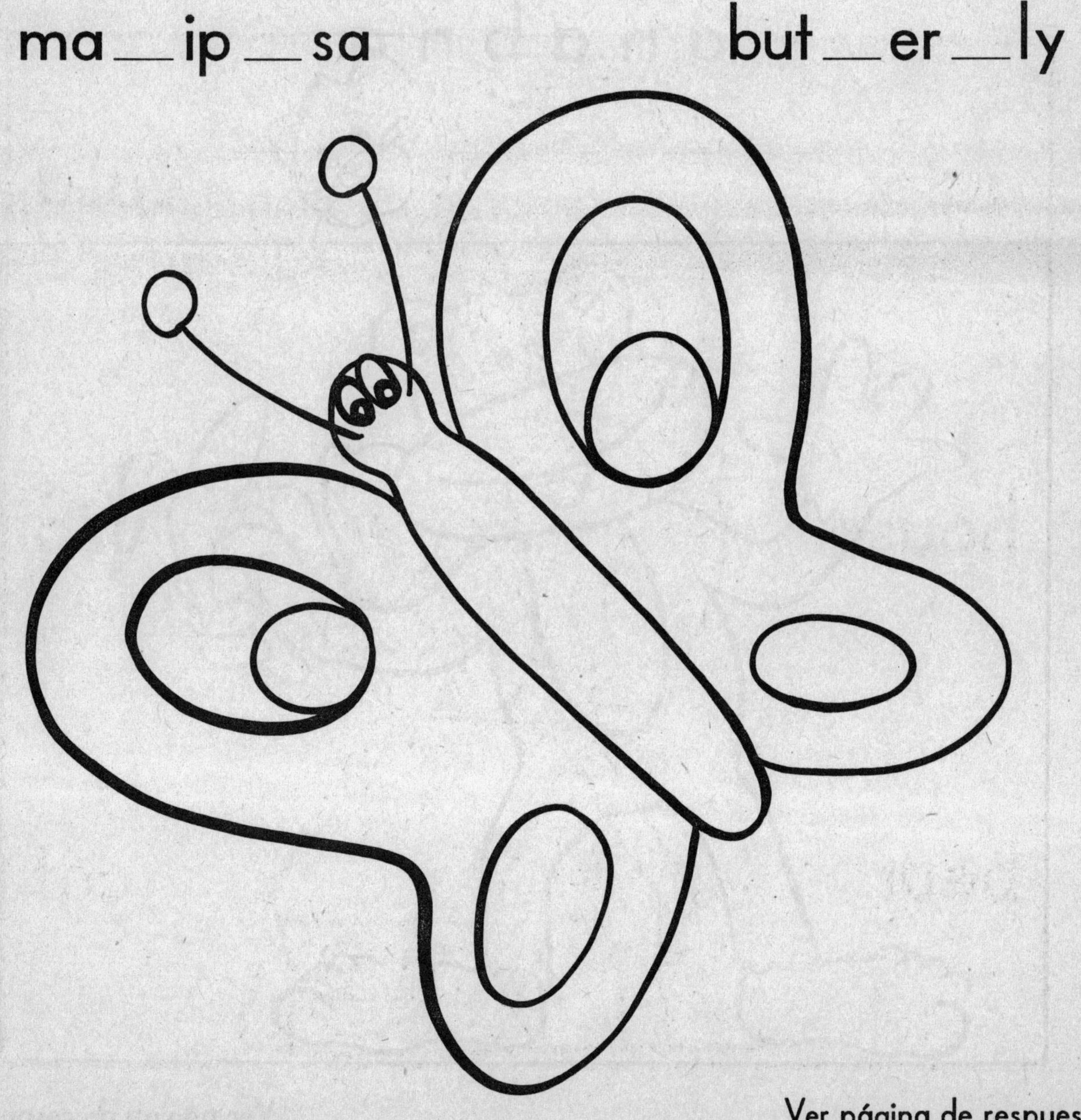

Ver página de respuestas.
See answer page.

3.

Combina las letras para saber que está comiendo el mono.

Unscramble the letters to find out what the monkey is eating.

a n a b n a

__ __ __ __ __ __

Ver página de respuestas.
See answer page.

4.

Combina las letras para saber cuál es el juguete que está en el medio. Escribe el nombre en español y en inglés.

Unscramble the letters to find which toy is in the middle. Write the name in Spanish and English.

a l e t o p   l a b l

__ __ __ __ __ __   __ __ __ __

Ver página de respuestas.
See answer page.

5.

Estos tres objetos empiezan con la misma letra en español e inglés. ¿Cuál es?

These objects begin with the same letter in Spanish and English. Which letter is it?

c r b

Ver página de respuestas.
See answer page.

6.

Completa las palabras en español y en inglés. Usa el dibujo como guía.

Complete the words in Spanish and English. Use the picture clue.

e l _ f a _ t e   e l e _ h _ n t

Ver página de respuestas.
See answer page.

7.

Encuentra el nombre del animal en el dibujo en español y en inglés.

Find the name of the animal in the drawing in Spanish and English.

s	c	f	b	y
g	a	t	o	d
p	t	l	x	r

Ver página de respuestas.
See answer page.

8.

Traza una línea para conectar cada dibujo a su palabra correspondiente en español y en inglés.

Draw a line to connect each picture with its corresponding name in Spanish and English.

Ver página de respuestas.
See answer page.

9.

Traza un círculo alrededor de todos los dibujos que empiezan con "l" en español y en inglés.

Find and circle all the pictures that start with an "l" in Spanish and English.

Ver página de respuestas.
See answer page.

10.

Completa las palabras en español y en inglés.
Usa el dibujo como guía.

Complete the words in Spanish and English.
Use the picture clue.

c_ne_o ra_b_t

Ver página de respuestas.
See answer page.

RESPUESTAS/ANSWERS

1.

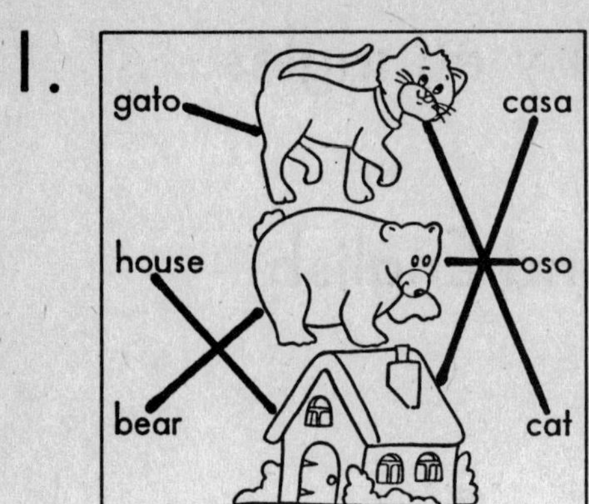

2. mariposa butterfly

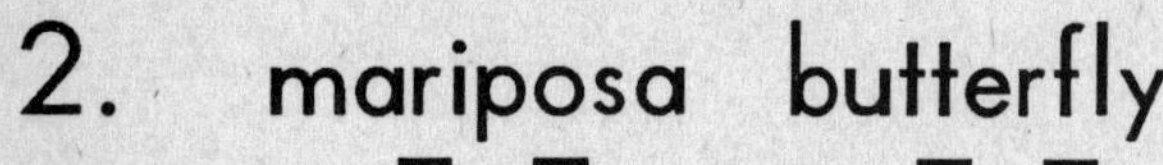

3.

4. pelota/ball

5. b

6. elefante elephant

7.

8.

9.

10. conejo rabbit